Impressum
Verlag: BABADADA GmbH, Nedderfeld 112 , 22529 Hamburg
Geschäftsführer / Verlagsleitung: Harald Hof
Druck: Books on Demand GmbH, In de Tarpen 42, 22848 Norderstedt

Imprint
Publisher: BABADADA GmbH, Nedderfeld 112 , 22529 Hamburg, Germany
Managing Director / Publishing direction: Harald Hof
Print: Books on Demand GmbH, In de Tarpen 42, 22848 Norderstedt, Germany

училище
škola

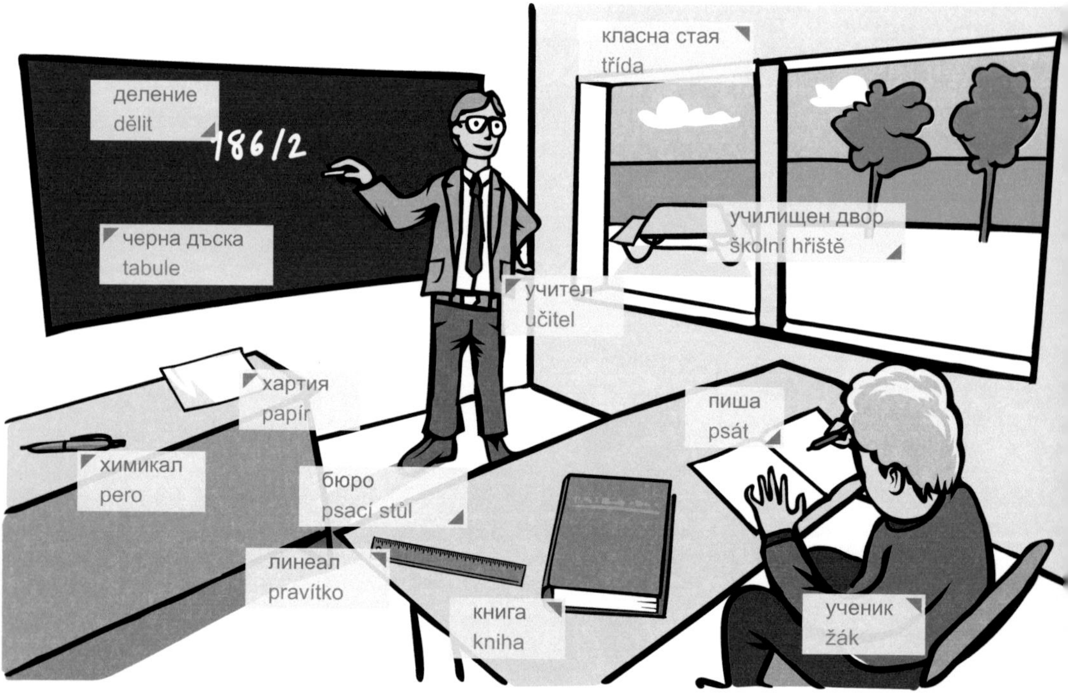
класна стая
třída
деление
dělit
186/2
черна дъска
tabule
училищен двор
školní hřiště
учител
učitel
хартия
papír
пиша
psát
химикал
pero
бюро
psací stůl
линеал
pravítko
книга
kniha
ученик
žák

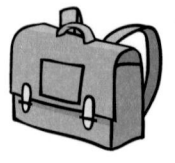

ученическа раница

aktovka

ученически несесер

penál

молив

tužka

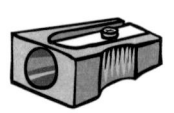

острилка за моливи

ořezávátko

гума

guma

блок за рисуване

blok na kreslení

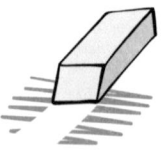

рисунка

výkres

четка

štětec

акварелни бои

malířské potřeby

ножица

nůžky

лепило

lepidlo

тетрадка за упражнения

cvičebnice

домашна работа

domácí úkol

число

počet

събиране

sčítat

изваждане

odčítat

умножение

násobit

смятане

počítat

буква

písmeno

азбука

abeceda

дума

slovo

текст

text

чета

číst

тебешир

křída

час

hodina

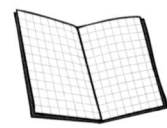

дневник на класа

třídní kniha

изпит

zkouška

свидетелство

vysvědčení

ученическа униформа

školní uniforma

образование

vzdělání

справочник

encyklopedie

университет

univerzita

микроскоп

mikroskop

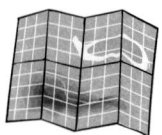

карта

karta

кошче за хартиени отпадъци

odpadkový koš na papír

пътуване
cesta

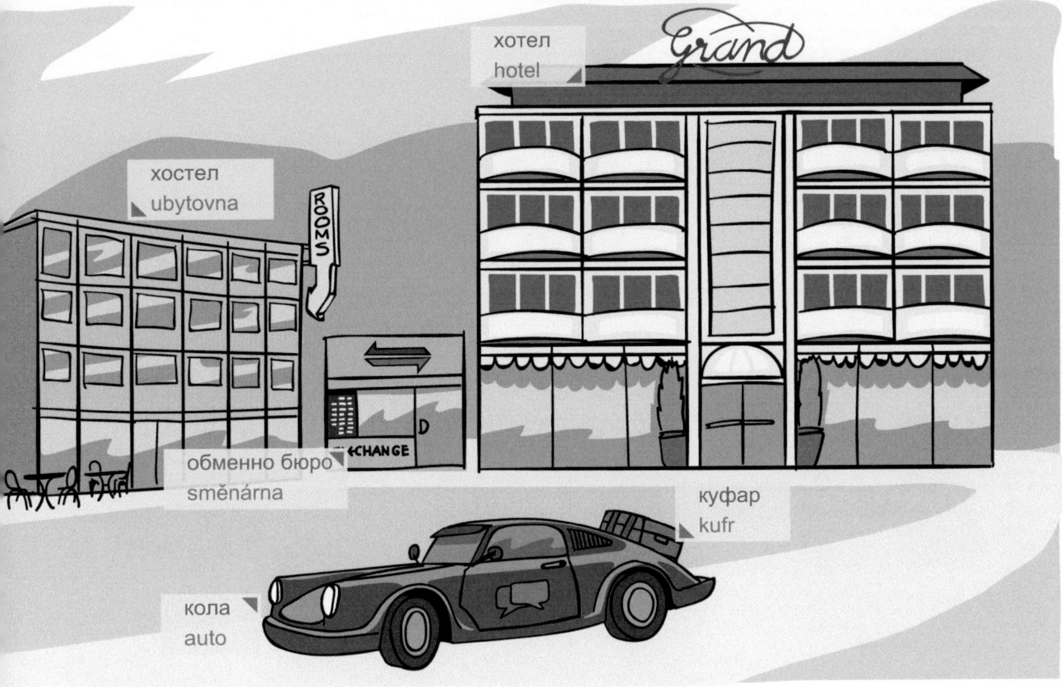

хотел
hotel
Grand
хостел
ubytovna
ROOMS
EXCHANGE
обменно бюро
směnárna
куфар
kufr
кола
auto

език

jazyk

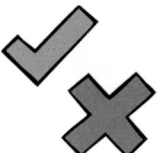

да / не

ano / ne

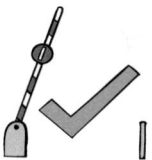

Окей

oukej

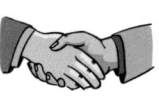

здравей

Ahoj!

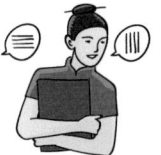

преводач

překladatel

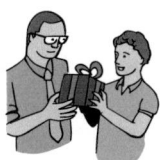

Благодаря

děkuji

Колко струва…?

Kolik stojí...?

Не разбирам

nerozumím

проблем

problém

Добър вечер!

Dobrý večer!

Добро утро!

Dobré ráno!

Лека нощ!

Dobrou noc!

довиждане

na shledanou

посока

směr

багаж

zavazadlo

пътна чанта

taška

раница

batoh

посетител

host

стая

pokoj

спален чувал

spací pytel

палатка

stan

туристическа информация

turistické informace

плаж

pláž

кредитна карта

kreditní karta

закуска

snídaně

обед

oběd

вечеря

večeře

билет

jízdenka

асансьор

výtah

пощенска марка

poštovní známka

граница

hranice

митница

clo

посолство

poselství

виза

vízum

паспорт

pas

транспорт
transport

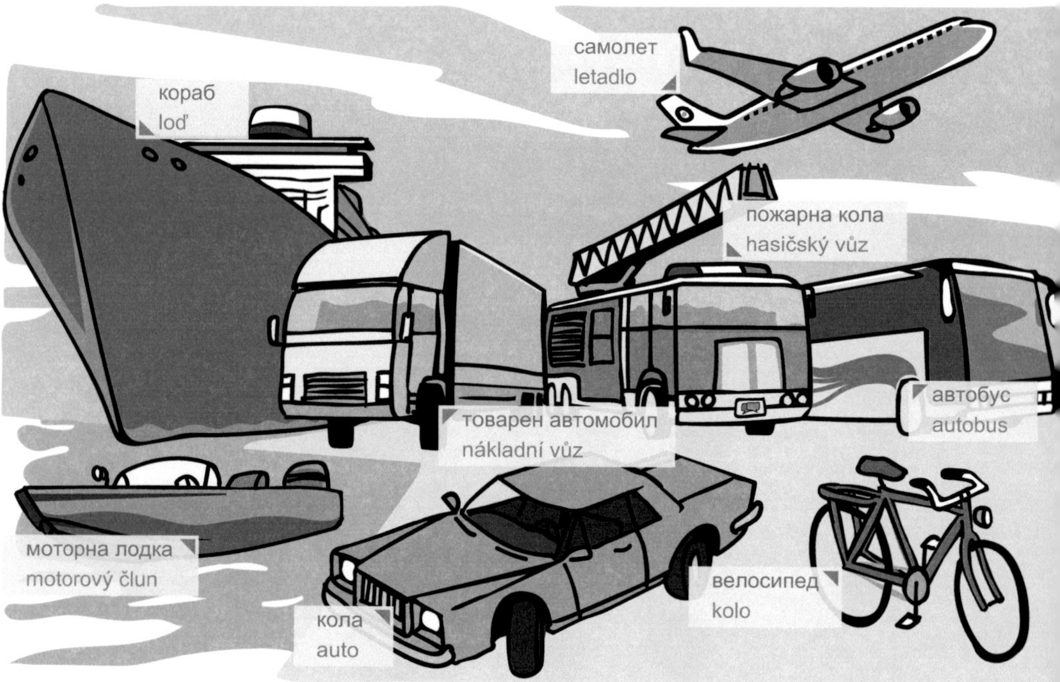

самолет
letadlo
кораб
loď
пожарна кола
hasičský vůz
автобус
autobus
товарен автомобил
nákladní vůz
моторна лодка
motorový člun
велосипед
kolo
кола
auto

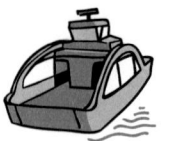

ферибот

přívoz

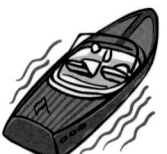

лодка

člun

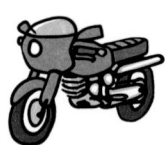

мотоциклет

motorka

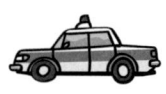

полицейска кола

policejní auto

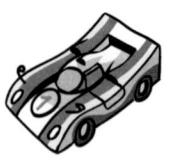

състезателна кола

závodní auto

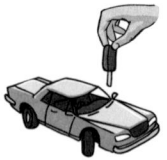

кола под наем

pronajaté auto

каршеринг

sdílení aut

автомобил от "Пътна помощ"

odtahová služba

сметовоз

popelářský vůz

двигател

motor

бензин

palivo

бензиностанция

čerpací stanice

пътен знак

dopravní značka

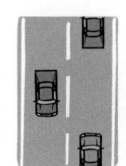

улично движение

doprava

задръстване

dopravní zácpa

паркинг

parkoviště

гара

vlakové nádraží

релси

koleje

влак

vlak

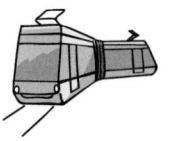

трамвай

tramvaj

вагон

vagón

хеликоптер

helikoptéra

аерогара

letiště

кула

věž

пасажер

pasažér

контейнер

kontejner

кашон

kartón

ръчна количка

trakař

кошница

koš

излитам / приземявам се

vzlétnout / přistát

град

město

село

vesnice

градски център

střed města

къща

dům

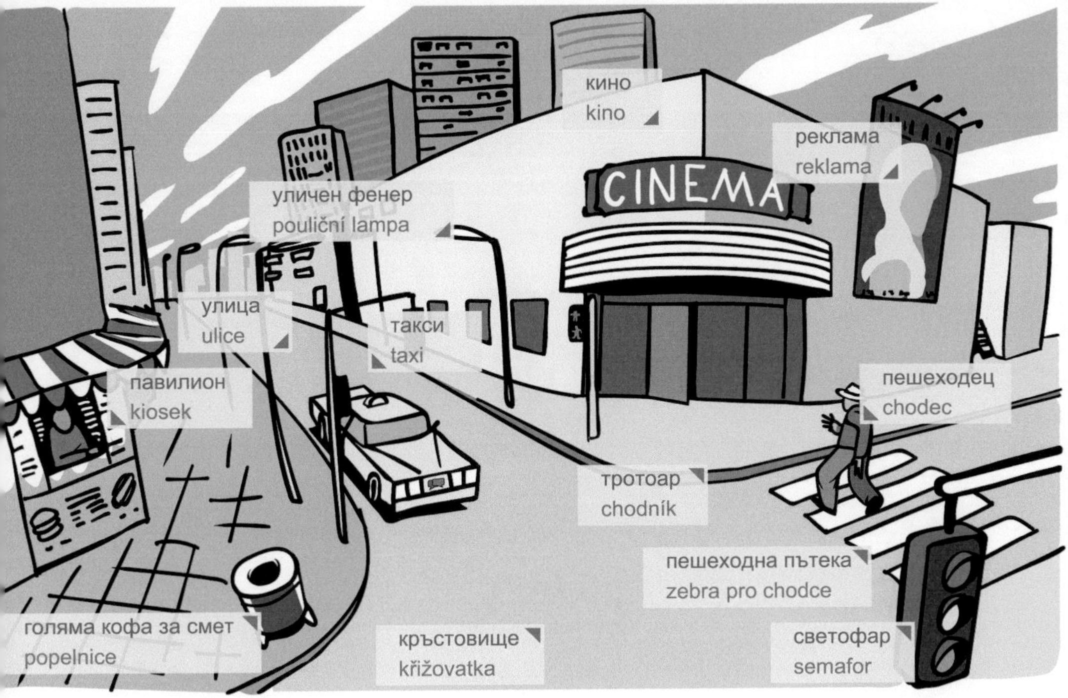

кино
kino

реклама
reklama

уличен фенер
pouliční lampa

улица
ulice

такси
taxi

павилион
kiosek

пешеходец
chodec

тротоар
chodník

пешеходна пътека
zebra pro chodce

голяма кофа за смет
popelnice

кръстовище
křižovatka

светофар
semafor

хижа

chata

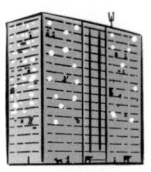

жилище

byt

гара

vlakové nádraží

кметство

radnice

музей

muzeum

училище

škola

град - město

университет

univerzita

банка

banka

болница

nemocnice

хотел

hotel

аптека

lékárna

офис

kancelář

книжарница

knihkupectví

магазин за цветя

obchod

магазин за цветя

květinářství

супермаркет

supermarket

пазар

tržnice

универсален магазин

obchodní dům

търговец на риба

rybárna

търговски център

nákupní centrum

пристанище

přístav

парк
park

пейка
lavička

мост
most

стълба
schody

метро
metro

тунел
tunel

автобусна спирка
autobusová zastávka

бар
bar

ресторант
restaurace

пощенска кутия
poštovní schránka

улична табелка
pouliční tabule

часовник за паркинг
престой
parkovací hodiny

зоологическа градина
zoo

плувен басейн
plovárna

джамия
mešita

селски двор

usedlost

замърсяване на околната среда

znečišťování životního prostředí

гробище

hřbitov

църква

církev

детска площадка

hřiště

храм

chrám

пейзаж

krajina

листо
list

пътепоказател
rozcestník

път
cesta

ливада
louka

камък
kámen

дърво
strom

пътешественик
turista

река
řeka

трева
tráva

цвете
květina

долина

údolí

планина

hora

море

jezero

гора

les

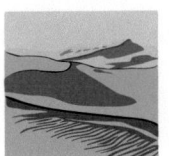

пустиня

poušť

вулкан

sopka

замък

zámek

дъга

duha

гъба

houba

палма

palma

комар

komár

муха

moucha

мравка

mravenec

пчела

včela

паяк

pavouk

бръмбар

brouk

жаба

žába

катеричка

veverka

таралеж

ježek

заек

zajíc

кукумявка

sova

птица

pták

лебед

labuť

диво прасе

divoké prase

елен

jelen

лос

los

бент

přehrada

вятърна турбина

větrné kolo

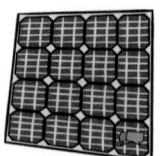

соларен модул

solární panel

климат

podnebí

ресторант
restaurace

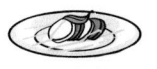

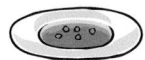

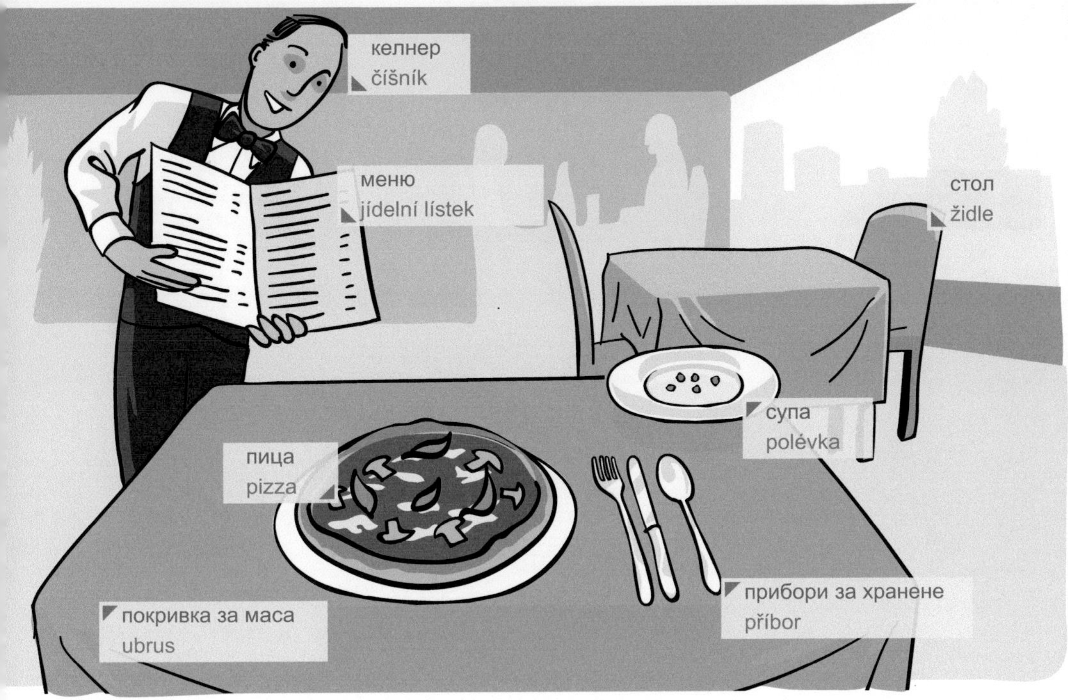
келнер
číšník
меню
jídelní lístek
стол
židle
супа
polévka
пица
pizza
прибори за хранене
příbor
покривка за маса
ubrus

предястие

předkrm

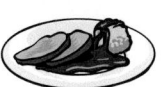

основно ястие

hlavní chod

десерт

dezert

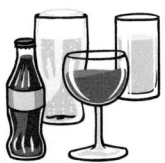

напитки

nápoje

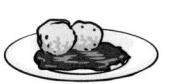

ядене

jídlo

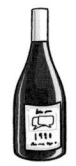

бутилка

láhev

бързо хранене

rychlé občerstvení

улична храна

pouliční občerstvení

кана за чай

čajová konvice

кутия за захар

cukřenka

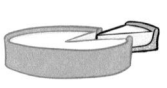

порция

porce

еспресо машина

kávovar na espresso

висок детски стол

dětská stolička

сметка

faktura

табла

tác

ножица за нокти

nůž

вилица

vidlička

лъжица

lžíce

чаена лъжичка

čajová lyžička

салфетка

ubrousek

стъклена чаша

sklenička

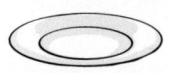

чиния

talíř

чиния за супа

talíř na polévku

чинийка

podšálek

сос

omáčka

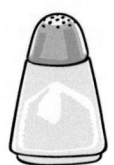

солница

slánka

мелничка за черен пипер

mlýnek na pepř

оцет

ocet

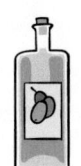

олио

olej

подправки

koření

кетчуп

kečup

горчица

hořčice

майонеза

majonéza

супермаркет
supermarket

оферта
nabídka
клиент
zákazník
млечни продукти
mléčné výrobky
FOR
плодове
ovoce
количка за покупки
nákupní vozík

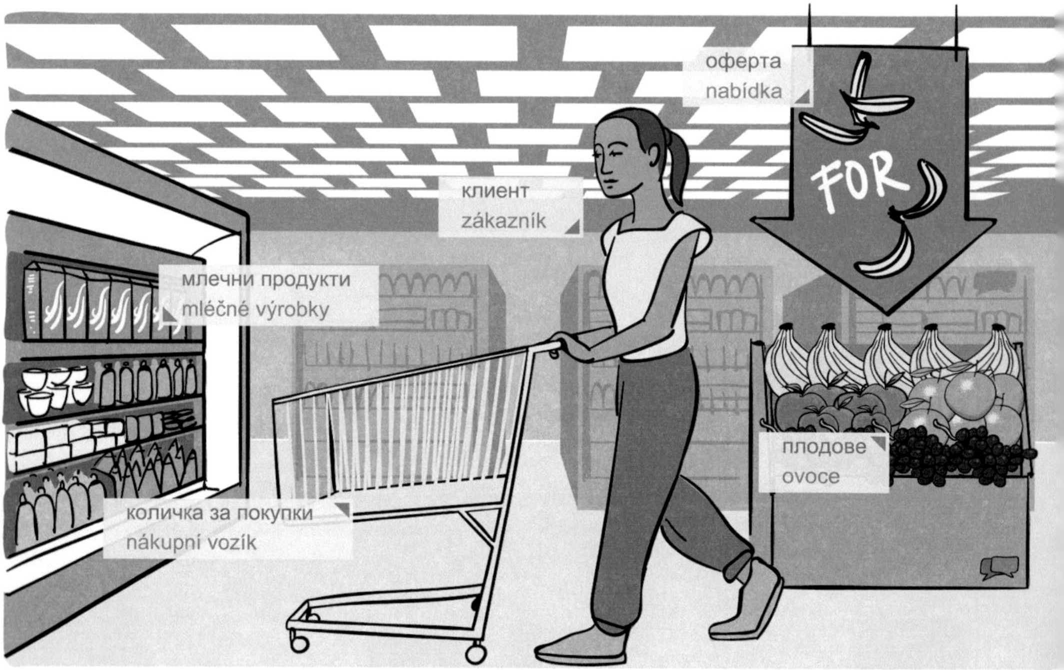

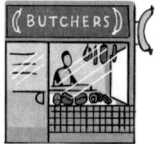

BUTCHERS

кланица

masna

BAKERY

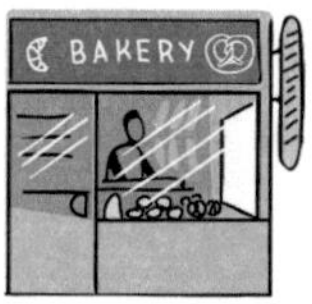

хлебарница

pekařství

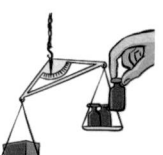

тегля

vážit

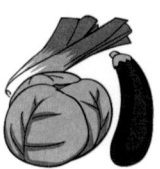

зеленчуци

zelenina

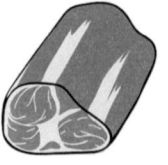

месо

maso

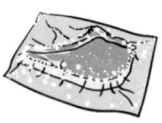

дълбоко замразена храна

mražené potraviny

нарязан колбас или сирене

обложен талир
obložený talíř

консерви

konzervy

перилен препарат

prací prášek

лакомства

cukrovinky

домакински изделия

výrobky pro domácnost

почистващи препарати

čisticí prostředek

продавачка

prodavačka

каса

pokladna

касиер

pokladní

списък на покупките

nákupní seznam

работно време

otevírací doba

портфейл

peněženka

кредитна карта

kreditní karta

чанта

taška

пластмасова торба

igelitová taška

вода

voda

сок

džus

мляко

mléko

кола

kola

вино

víno

бира

pivo

алкохол

alkohol

какао

kakao

чай

čaj

кафе машина

káva

еспресо

espresso

капучино

kapučíno

банан

banán

ябълка

jablko

портокал

pomeranč

пъпеш

meloun

лимон

citrón

морков

mrkev

чесън

česnek

бамбук

bambus

лук

cibule

гъба

houba

ядки

ořechy

макарони

těstoviny

спагети

špageti

ориз

rýže

салата

salát

пържени картофи

hranolky

печени картофи

americké brambory

пица

pizza

хамбургер

hamburger

сандвич

sendvič

шницел

řízek

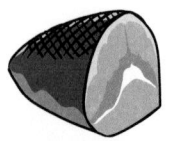

шунка

šunka

траен колбас

salám

салам

salám

пиле

kuře

печено

pečeně

риба

ryby

овесени ядки

ovesné vločky

мюсли

müsli

корнфлейкс

vločky

брашно

mouka

кроасан

croissant

хлебчета

houska

хляб

chléb

препечена филийка

toast

бисквити

sušenky

масло

máslo

извара

tvaroh

сладкиш

buchta

яйце

vejce

яйца на очи

volské oko

сирене

sýr

ядене - jídlo

сладолед

zmrzlina

захар

cukr

мед

med

мармалад

marmeláda

нуга крем

nugátový krém

къри

kari

селски двор
usedlost

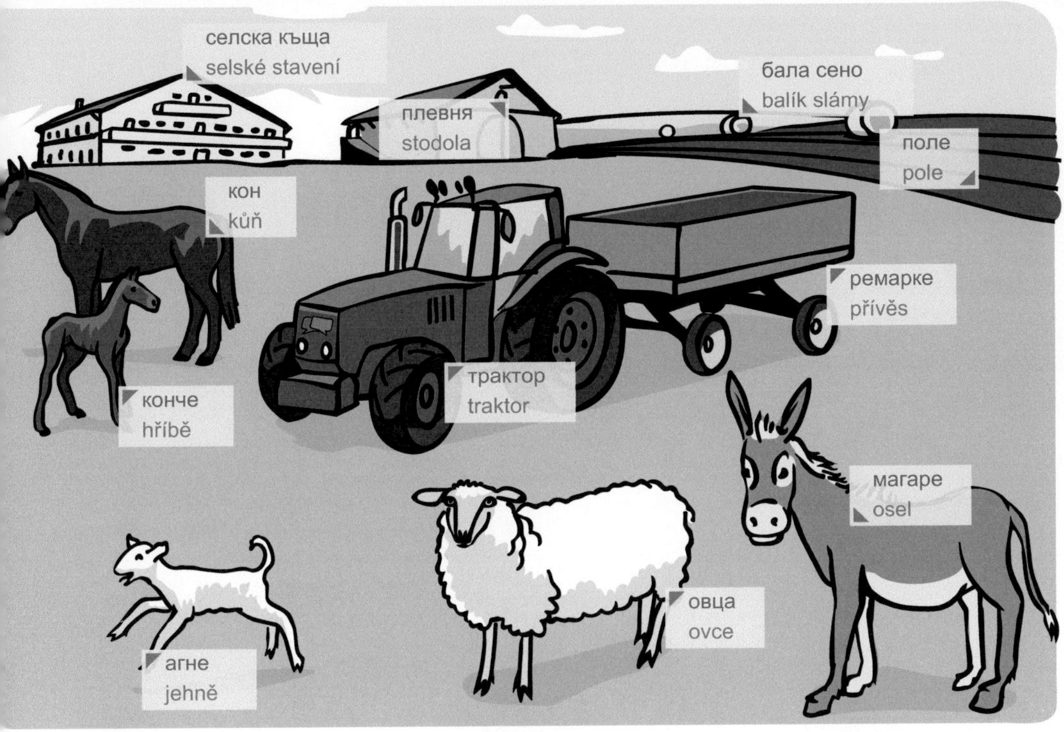
селска къща
selské stavení
плевня
stodola
бала сено
balík slámy
поле
pole
кон
kůň
ремарке
přívěs
трактор
traktor
конче
hříbě
магаре
osel
овца
ovce
агне
jehně

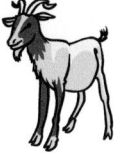

коза
koza

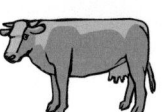

крава
kráva

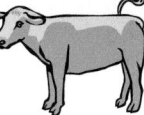

теле
tele

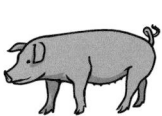

свиня
prase

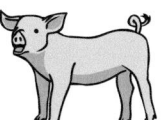

прасенце
sele

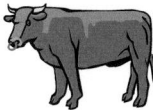

бик
býk

гъска

husa

патица

kachna

пиленце

kuře

кокошка

slepice

петел

kohout

плъх

krysa

котка

kočka

мишка

myš

вол

vůl

куче

pes

кучешка колиба

psí bouda

градински маркуч

zahradní hadice

лейка

kropicí konev

коса

kosa

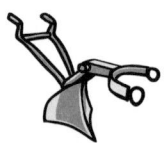

плуг

pluh

сърп

srp

мотика

motyka

вила за тор

vidle

брадва

sekera

ръчна количка

kolecko

корито

koryto

съд за мляко

konev na mléko

чувал

pytel

ограда

plot

обор

stáj

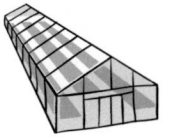

парник

skleník

земя

půda

сеитба

osivo

тор

hnojivo

комбайн

kombajn

жъна

sklidit

реколта

sklizeň

ямс

smldinec

жито

pšenice

соя

sója

картоф

brambora

царевица

kukuřice

рапица

řepka

овощно дърво

ovocný strom

маниока

maniok

зърнени храни

obilí

къща

dům

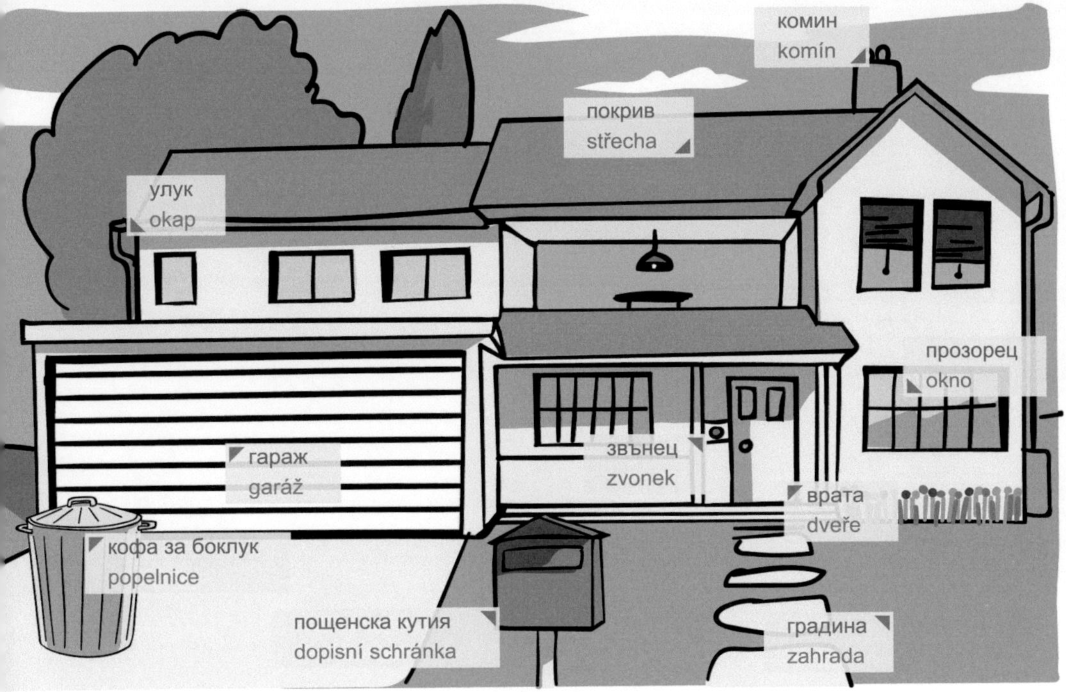
комин
komín
покрив
střecha
улук
okap
прозорец
okno
гараж
garáž
звънец
zvonek
врата
dveře
кофа за боклук
popelnice
пощенска кутия
dopisní schránka
градина
zahrada

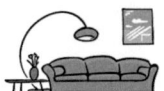

всекидневна

obývací pokoj

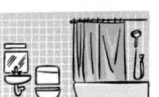

баня

koupelna

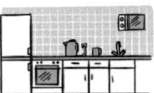

кухня

kuchyně

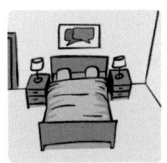

спалня

ložnice

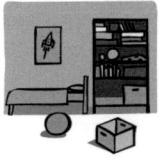

детска стая

dětský pokoj

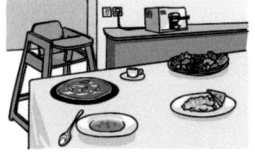

трапезария

jídelna

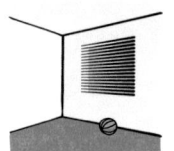

под

podlaha

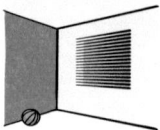

стена

zeď

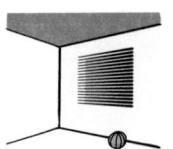

таван

deka

изба

sklep

сауна

sauna

балкон

balkón

тераса

terasa

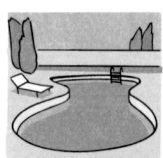

плувен басейн

bazén

косачка

sekačka na trávu

спално бельо

ložní prádlo

покривка за легло

lůžková přikrývka

легло

postel

метла

smeták

кофа

kýbl

електрически ключ

vypínač

всекидневна
obývací pokoj

тапет
tapeta
картина
obrázek
лампа
žárovka
рафт
police
шкаф
skříň
телевизор
televizor
камина
komín
цвете
květina
възглавница
polštář
канапе
gauč
ваза
váza
дистанционно управление
dálkový ovladač

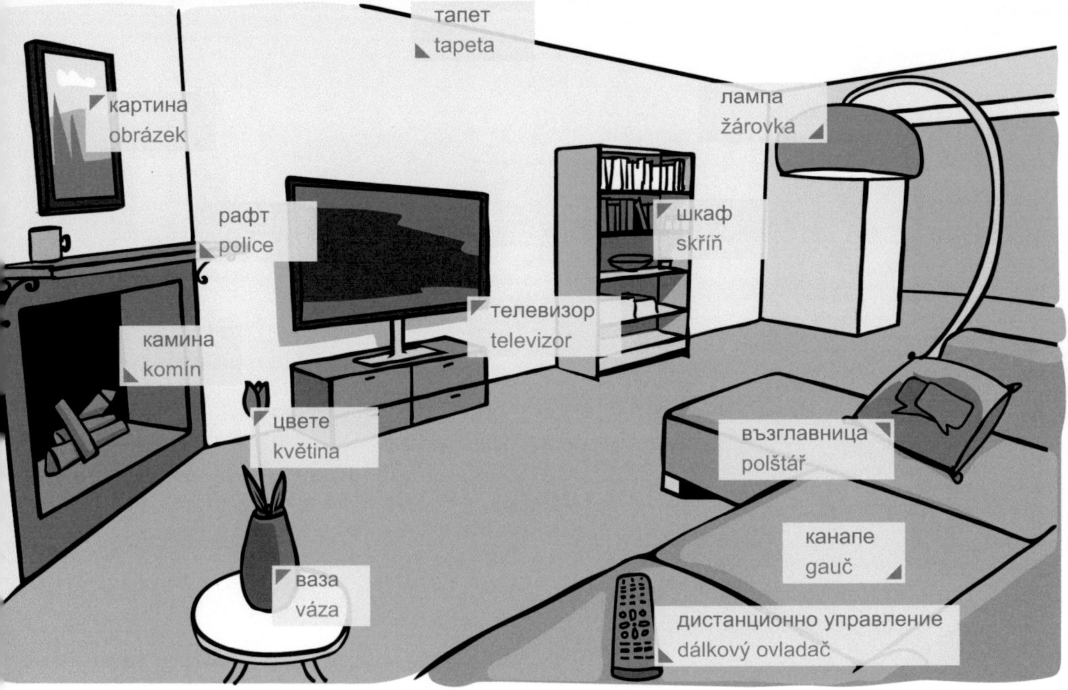

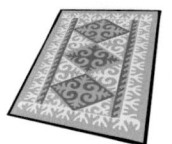

килим

koberec

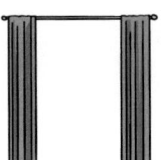

завеса

závěs

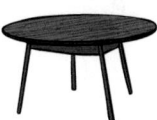

маса

stůl

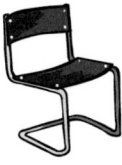

стол

židle

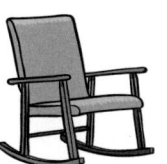

люлеещ се стол

houpací křeslo

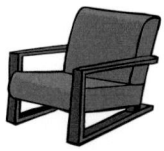

кресло

křeslo

книга

kniha

одеяло

strop

декорация

ozdoba

дърва за отопление

palivové dříví

филм

film

стерео уредба

stereo souprava

ключ

klíč

вестник

noviny

живопис

malba

постер

plakát

радио

rádio

бележник

poznámkový blok

прахосмукачка

vysavač

кактус

kaktus

свещ

svíce

кухня
kuchyně

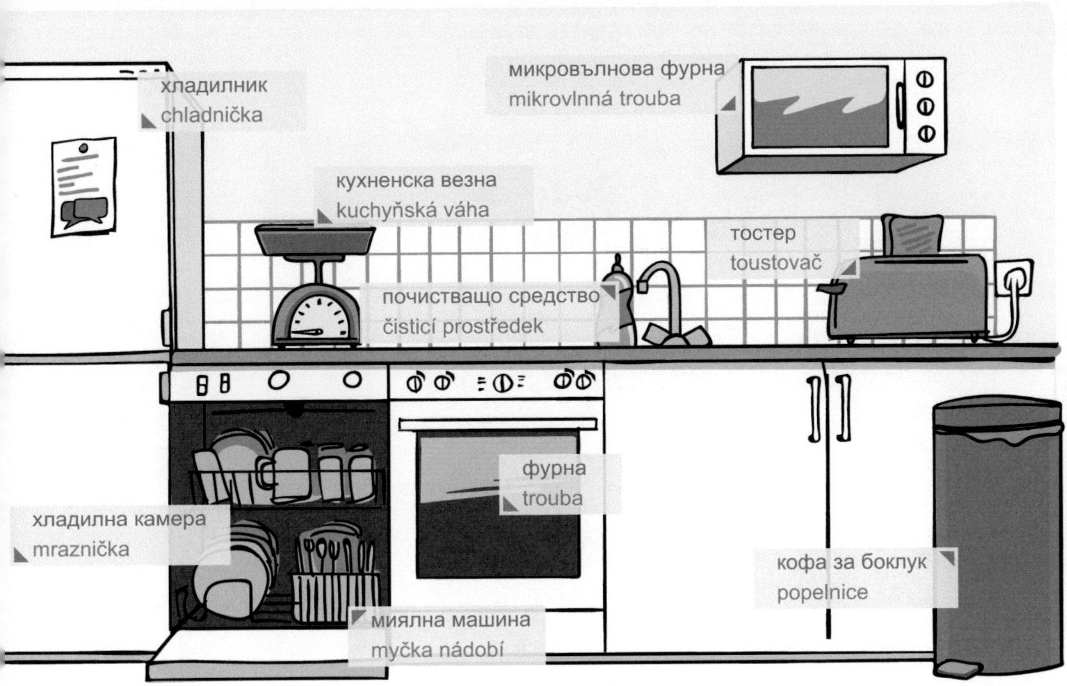

хладилник
chladnička
микровълнова фурна
mikrovlnná trouba
кухненска везна
kuchyňská váha
тостер
toustovač
почистващо средство
čisticí prostředek
фурна
trouba
хладилна камера
mraznička
кофа за боклук
popelnice
миялна машина
myčka nádobí

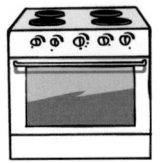

готварска печка

sporák

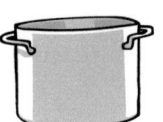

тенджера

hrnec

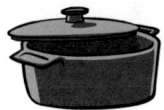

желязна тенджера

litinový hrnec

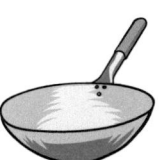

уок / кадаи

wok / kadai

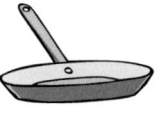

тиган

pánev

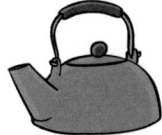

кана за затопляне на вода

varná konvice

уред за готвене на пара

parní hrnec

тава за печене

plech na pečení

съдове

nádobí

чаша

hrnek

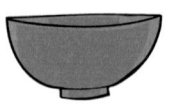

купа

miska

клечки за хранене

jídelní hůlky

черпак

naběračka

лопатка за тиган

obracečka

тел за разбиване (на яйца, белтъци)

metla

кошница за варене

síto

гевгир

cedník

ренде

struhadlo

хаван

hmoždíř

барбекю

gril

огнище

ohniště

кухня - kuchyně

дъска

prkénko na krájení

точилка

váleček na těsto

тирбушон

vývrtka

кутия

dóza

отварачка за консерви

otvírák na konzervy

кухненска ръкохватка

chňapka

мивка

umyvadlo

четка

kartáč na nádobí

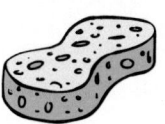

гъба

houba

миксер

mixér

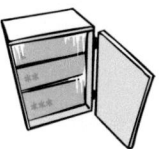

фризер

mrazák

бебешко шише

dětská lahev

воден кран

kohoutek

баня

koupelna

отопление
topení
хавлиена кърпа
ručník
душ
sprcha
завеса за баня
sprchový závěs
шампоан за вана
pěnová koupel
вана
vana
стъклена чаша
sklenička
перална машина
pračka
воден кран
kohoutek
плочки
obkladačky
гърне
nočník
мивка
umyvadlo

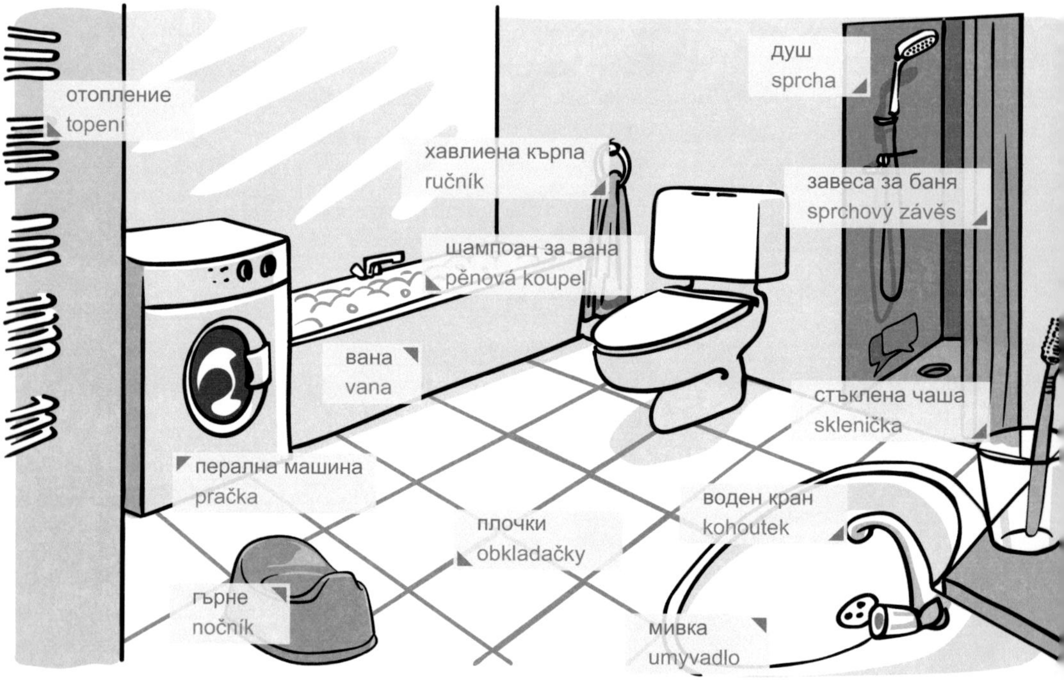

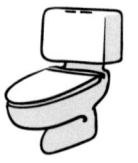

тоалетна

záchod

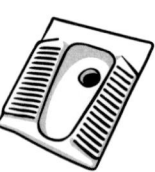

клекало

turecký záchod

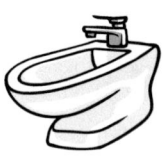

биде

bidet

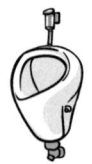

писоар

pisoár

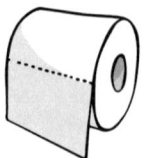

тоалетна хартия

toaletní papír

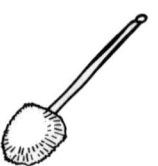

четка за тоалетна

záchodová štětka

четка за зъби

zubní kartáček

паста за зъби

zubní pasta

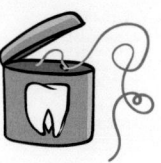

конец за зъби

zubní niť

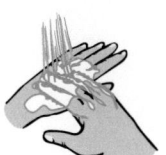

мия

mýt

ръчен душ

ruční sprcha

интимен душ

intimní sprcha

леген

umyvadlo

четка за гръб

kartáč na záda

сапун

mýdlo

душ гел

sprchový gel

шампоан за вана

šampón

гъба за баня

žínka

сифон

odpad

крем

krém

дезодорант

deodorant

огледало

zrcadlo

козметично огледало

kosmetické zrcátko

ръчна самобръсначка

holicí strojek

пяна за бръснене

pěna na holení

одеколон за след
бръснене
voda po holení

гребен

hřeben

четка

kartáč

сешоар

fén

спрей за коса

lak na vlasy

грим

makeup

червило

rtěnka

лак за нокти

lak na nehty

памук

vata

ножица за нокти

nůžky na nehty

парфюм

parfém

тоалетна чантичка

aška s toaletními potřebami

табуретка

stolička

везна

váha

хавлия

župan

домакински ръкавици

gumové rukavice

тампон

tampón

дамски превръзки

dámská vložka

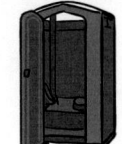

химическа тоалетна

chemická toaleta

детска стая
dětský pokoj

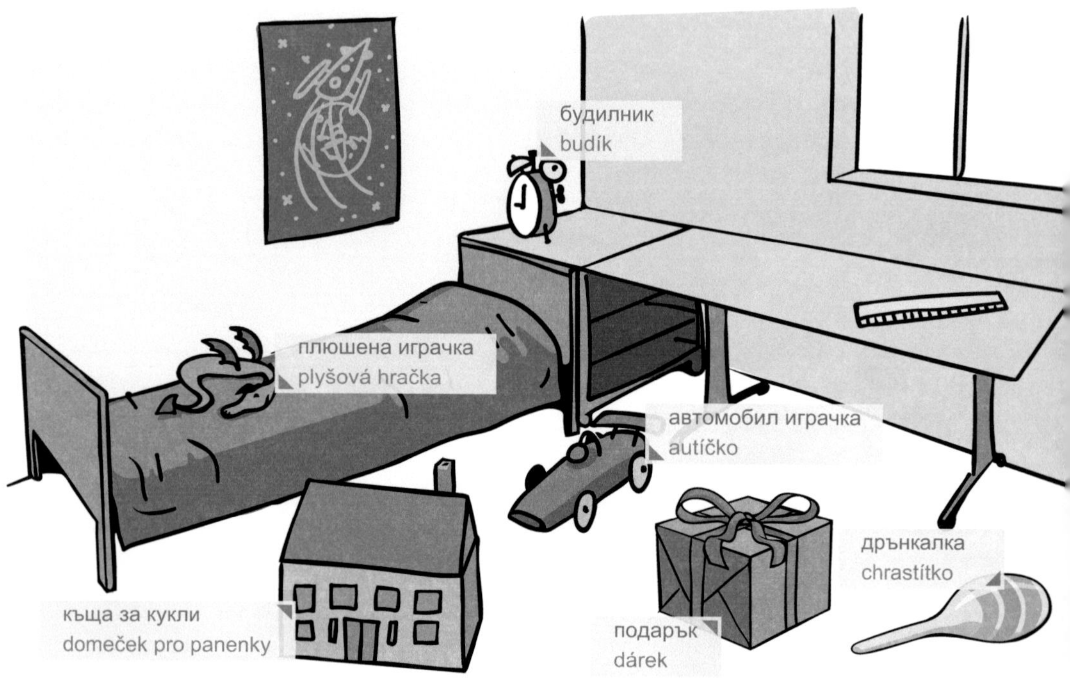
будилник
budík
плюшена играчка
plyšová hračka
автомобил играчка
autíčko
дрънкалка
chrastítko
къща за кукли
domeček pro panenky
подарък
dárek

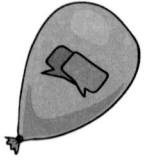

балон

balón

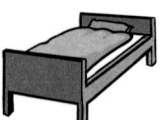

легло

postel

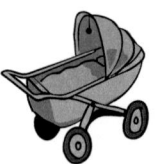

детска количка

kočárek

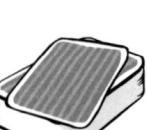

игра на карти

balíček karet

пъзел

puzzle

SUPER MEGA

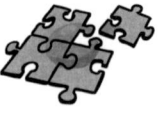

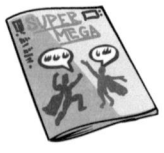

комикс

komiks

лего елементи

lego kostky

строителни елементи

stavebnice

екшън фигурка

akční figurka

бебешки гащеризон

dupačky

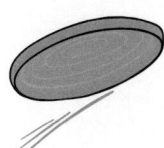

фрисби

frisbee

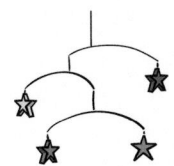

бебешки играчки за легло

závěsné hračky nad postýlku

настолна игра

desková hra

зарче

kostky

миниатюрно влакче

modelová železnice

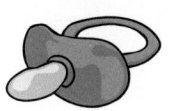

биберон

dudlík

парти

oslava

детска книга с илюстрации

obrázková kniha

топка

míč

кукла

panenka

играя

hrát si

пясъчник

pískoviště

люлка

houpačka

играчка

hračky

игрова конзола

hrací konzole

велосипед с три колелета

tříkolka

плюшено мече

medvídek

гардероб

šatník

облекло
oblečení

къси чорапи

ponožky

дълги чорапи

punčochy

чорапогащник

punčochové kalhoty

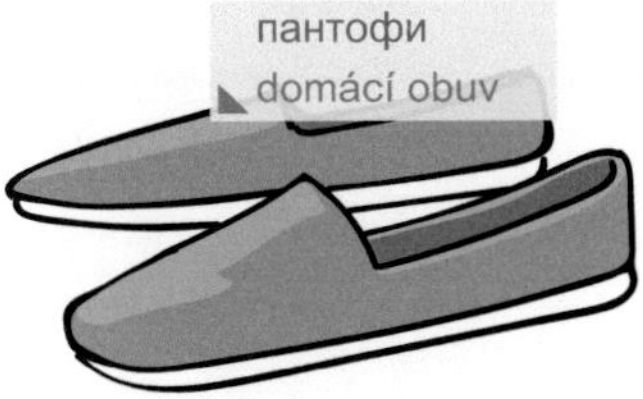

шал
šála

колан
pásek

чадър
deštník

Т-шърт
tričko

ботуши
kozačky

пантофи
domácí obuv

гуменки
tenisky

сандали

sandály

обувки

obuv

гумени ботуши

holínky

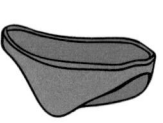

слип

spodní prádlo

сутиен

podprsenka

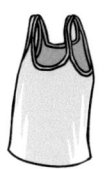

долна блуза

nátělník

боди

body

панталон

kalhoty

дънки

džíny

пола

sukně

блуза

blůza

риза

košile

пуловер

svetr

суичър

mikina

блейзър

blejzr

яке

bunda

палто

kabát

дъждобран

pláštěnka

костюм

kostým

рокля

šaty

булчинска рокля

svatební šaty

костюм

oblek

нощница

noční košile

пижама

pyžamo

сари

sárí

кърпа за глава

šátek na hlavu

тюрбан

turban

бурка

burka

кафтан

kaftan

абая

abája

бански костюм

plavky

плувни шорти

pánské plavky

къс панталон

kraťasy

анцуг

tepláková souprava

престилка

zástěra

ръкавици

rukavice

копче

knoflík

очила

brýle

гривна

náramek

верижка

náhrdelník

пръстен

prsten

обеца

náušnice

каскет

čepice

закачалка

ramínko

шапка

klobouk

вратовръзка

kravata

цип

zip

каска

helma

тиранти

kšandy

ученическа униформа

školní uniforma

униформа

uniforma

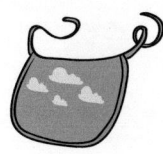

лигавник

bryndák

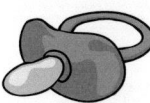

биберон

dudlík

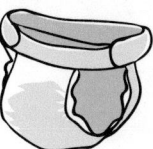

пелена

plena

офис

kancelář

сървър
server
шкаф за документи
kartotéka
принтер
tiskárna
хартия
papír
монитор
monitor
мишка
myš
бюро
psací stůl
папка
šanon
клавиатура
klávesnice
кошче за хартиени отпадъци
odpadkový koš na papír
компютър
počítač
стол
židle

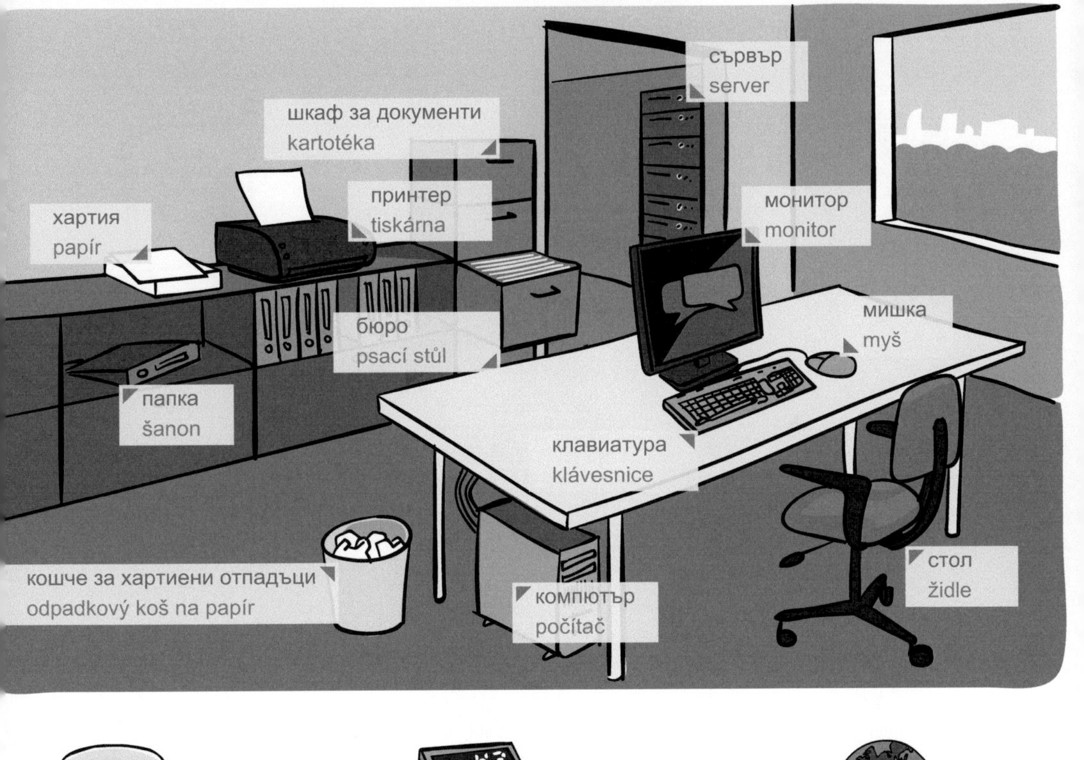

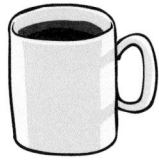

чаша за кафе

hrnek na kávu

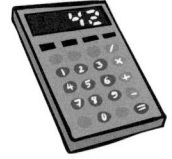

джобен калкулатор

kalkulačka

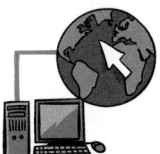

интернет

internet

лаптоп

notebook

писмо

dopis

съобщение

zpráva

мобилен телефон

mobil

мрежа

síť

ксерокс

kopírka

софтуер

software

телефон

telefon

контакт

zásuvka

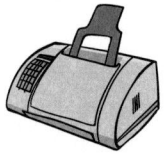

факс

fax

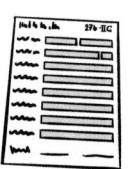

формуляр

formulář

документ

dokument

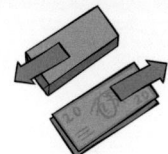

купувам

nakupovat

плащам

zaplatit

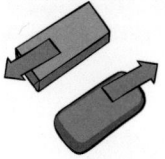

търгувам

jednat

пари

peníze

долар

dolar

евро

euro

йена

jen

рубла

rubl

швейцарски франк

frank

ренминби юан

juan

рупия

rupie

банкомат

bankomat

обменно бюро

směnárna

злато

zlato

сребро

stříbro

нефт

olej

енергия

energie

цена

cena

договор

smlouva

данък

daň

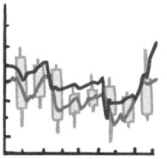

акция

akcie

работя

pracovat

служител

zaměstnanec

работодател

zaměstnavatel

фабрика

továrna

магазин за цветя

obchod

професии
povolání

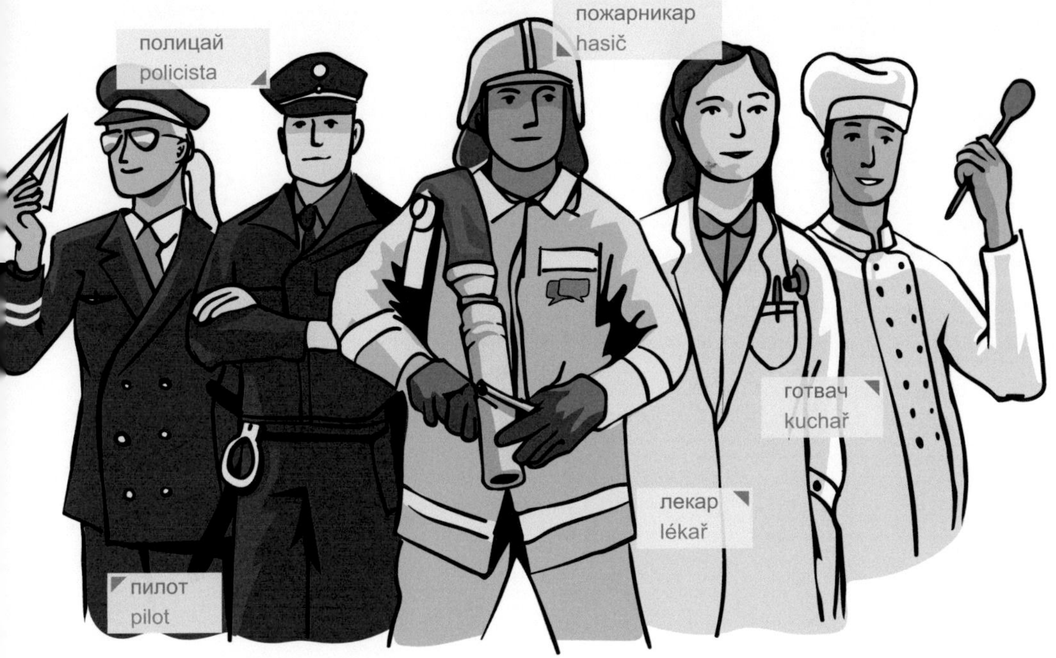

полицай
policista
пожарникар
hasič
готвач
kuchař
лекар
lékař
пилот
pilot

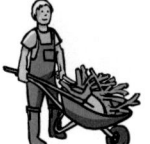

градинар

zahradník

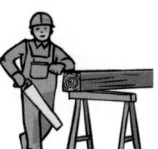

мебелист

truhlář

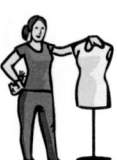

шивачка

švadlena

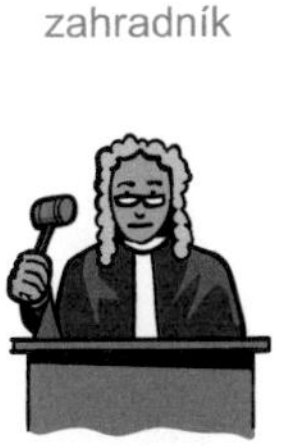

съдия

soudce

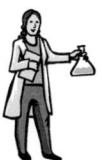

химик

chemik

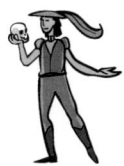

артист

herec

шофьор на автобус

řidič autobusu

шофьор на такси

řidič taxi

рибар

rybář

чистачка

uklízečka

майстор на покриви

pokrývač

келнер

číšník

ловец

myslivec

художник

malíř

хлебар

pekař

електротехник

elektrikář

строителен работник

stavební dělník

инженер

inženýr

касапин

řezník

тенекеджия

klempíř

пощальон

listonoš

войник

voják

архитект

architekt

касиер

pokladní

цветар

florista

фризьор

kadeřník

кондуктор

průvodčí

механик

mechanik

капитан

kapitán

зъболекар

zubař

научен работник

vědec

равин

rabín

имàм

imàm

монах

mnich

свещеник

duchovní

инструменти
nářadí

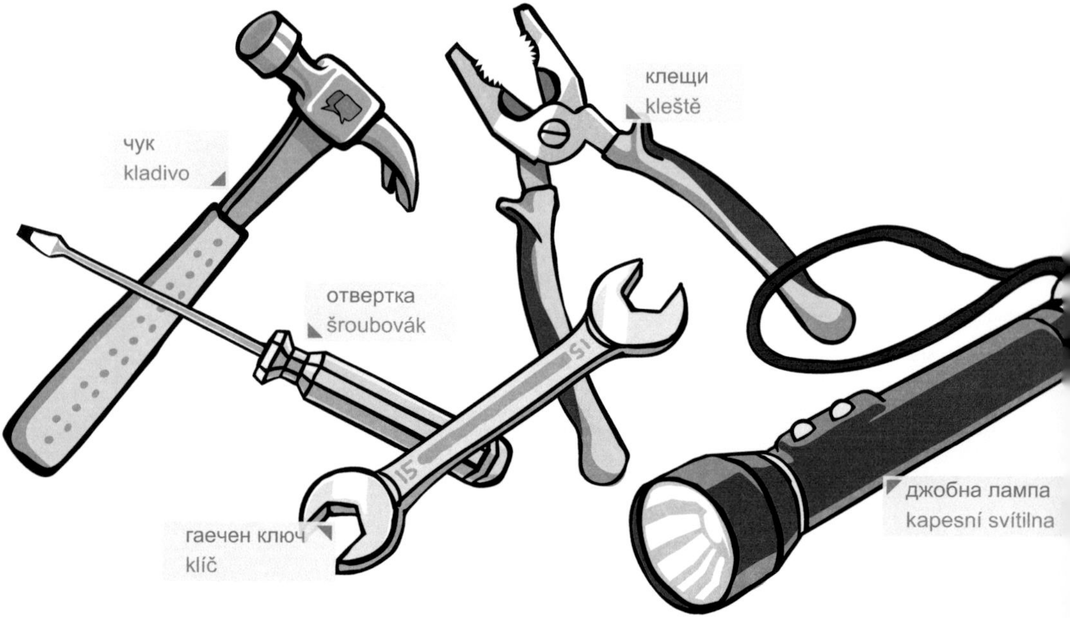
клещи
kleště
чук
kladivo
отвертка
šroubovák
гаечен ключ
klíč
джобна лампа
kapesní svítilna

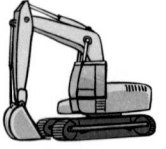

багер

bagr

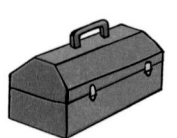

кутия за инструменти

skříň na nářadí

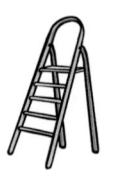

стълба

žebřík

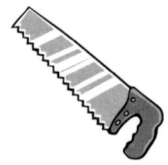

трион

pila

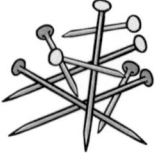

пирони

hřebíky

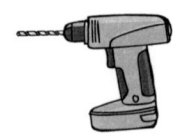

бормашина

vrtačka

ремонтирам

opravit

лопата

lopata

По дяволите!

Kurva!

лопатка за смет

lopatka

кутия за боя

vědroé na barvu

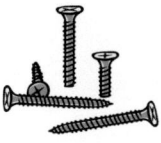

болтове

šrouby

музикални инструменти
hudební nástroje

ударни инструменти
bicí

контрабас
kontrabas

тромпет
trubka

високоговорител
reproduktor

китара
kytara

пиано

klavír

виолина

housle

контрабас

basa

тимпан

tympán

барабан

bubny

електрическо пиано

keyboard

саксофон

saxofon

флейта

flétna

микрофон

mikrofon

зоологическа градина

zoo

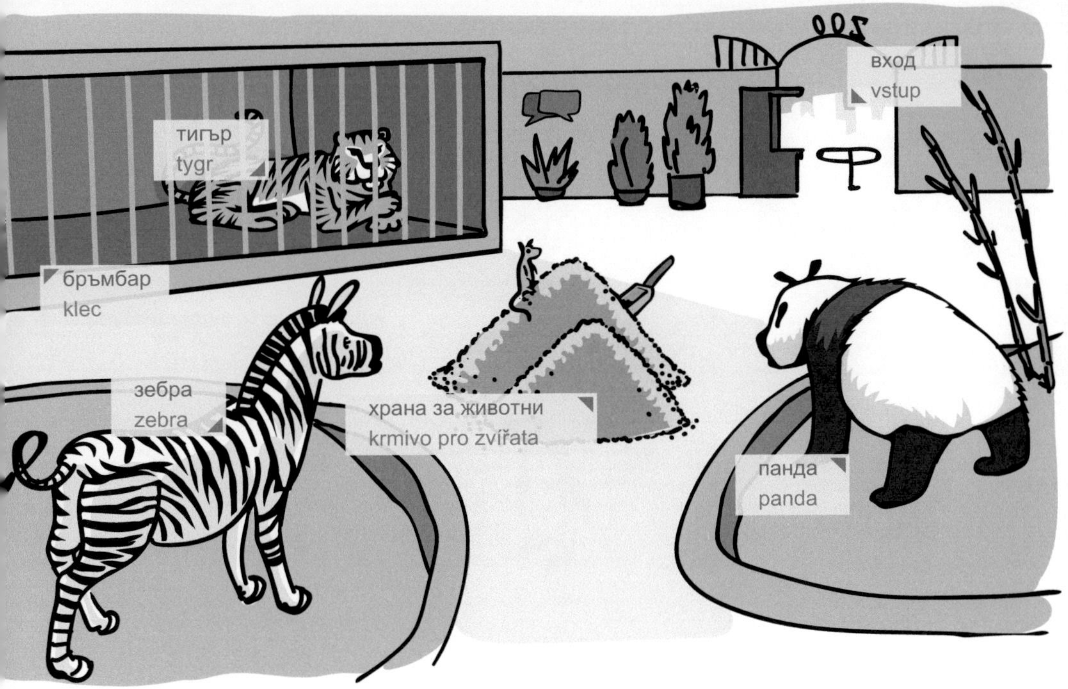

вход
vstup
тигър
tygr
бръмбар
klec
зебра
zebra
храна за животни
krmivo pro zvířata
панда
panda

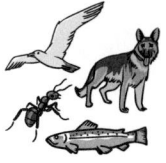

животни

zvířata

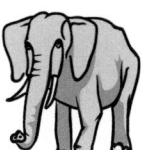

слон

slon

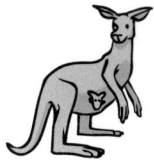

кенгуру

klokan

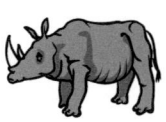

носорог

nosorožec

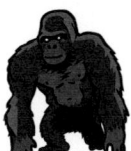

горила

gorila

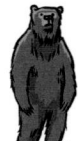

мечка

medvěd

камила

velbloud

щраус

pštros

лъв

lev

маймуна

opice

фламинго

plameňák

папагал

papoušek

бяла мечка

lední medvěd

пингвин

tučňák

акула

žralok

паун

páv

змия

had

крокодил

krokodýl

пазач в зоологическа
градина

ošetřovatel zvířat

тюлен

tuleň

ягуар

jaguár

пони

poník

леопард

leopard

хипопотам

hroch

жираф

žirafa

орел

orel

диво прасе

divoké prase

риба

ryby

костенурка

želva

морж

mrož

лисица

liška

газела

gazela

американски футбол
americký fotbal

колоездене
cyklistika

тенис
tenis

баскетбол
košíková

плуване
plavání

бокс
box

хокей на лед
lední hokej

футбол

kopaná

бадминтон

badminton

лека атлетика

lehká atletika

хандбал

házená

ски бягане

běh na lyžích

поло

vodní pólo

дейности

aktivity

смея се
smát se
скачам
skočit
прегръщам
objímat
вървя
jít
пея
zpívat
сънувам
snít
моля се
modlit se
целувам
políbit

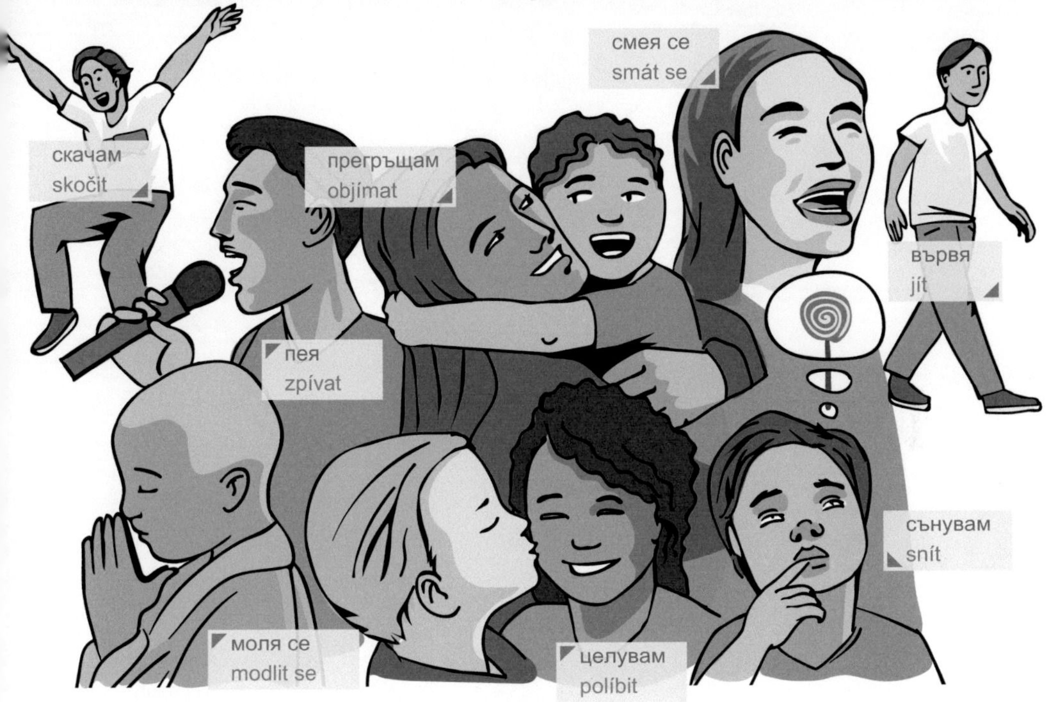

пиша
psát

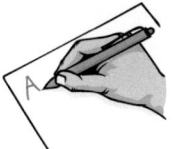

рисувам
kreslit

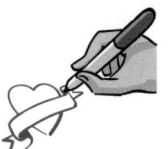

показвам
ukazovat

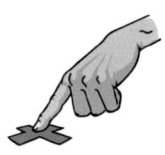

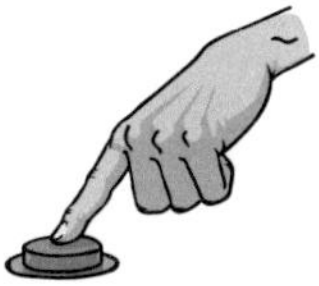

бутам
tlačit

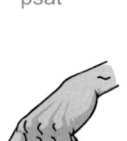

давам
dát

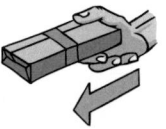

взимам
vzít si

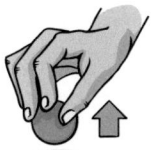

имам

мít

правя

dělat

съм

být

стоя

stát

тичам

běhat

дърпам

táhnout

хвърлям

hodit

падам

padat

лежа

ležet

чакам

čekat

нося

nosit

седя

sedět

обличам

oblékat

спя

spát

събуждам се

vzbudit se

разглеждам

prohlédnout si

плача

plakat

милвам

pohladit

реша се

česat

говоря

hovořit

разбирам

rozumět

питам

ptát se

слушам

slyšet

пия

pít

ям

jíst

разтребвам

uklidit

обичам

milovat

готвя

vařit

карам автомобил

jet

летя

letět

плавам (с платна)

plachtit

смятане

počítat

чета

číst

уча

učit se

работя

pracovat

женя се

vzít si

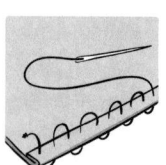

шия

šít

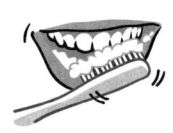

измивам си зъбите

čistit si zuby

убивам

zabít

пуша

kouřit

изпращам

poslat

баба
babička

дядо
dědeček

баща
otec

майка
matka

бебе
dítě

дъщеря
dcera

син
syn

посетител

host

леля

teta

чичо

strýc

брат

bratr

сестра

sestra

тяло
tělo

чело
čelo
око
oko
рамо
rameno
пръст
prst
лице
obličej
брадичка
brada
ръка
ruka
крак
dolní končetina
гърди
hruď
ръка
paže

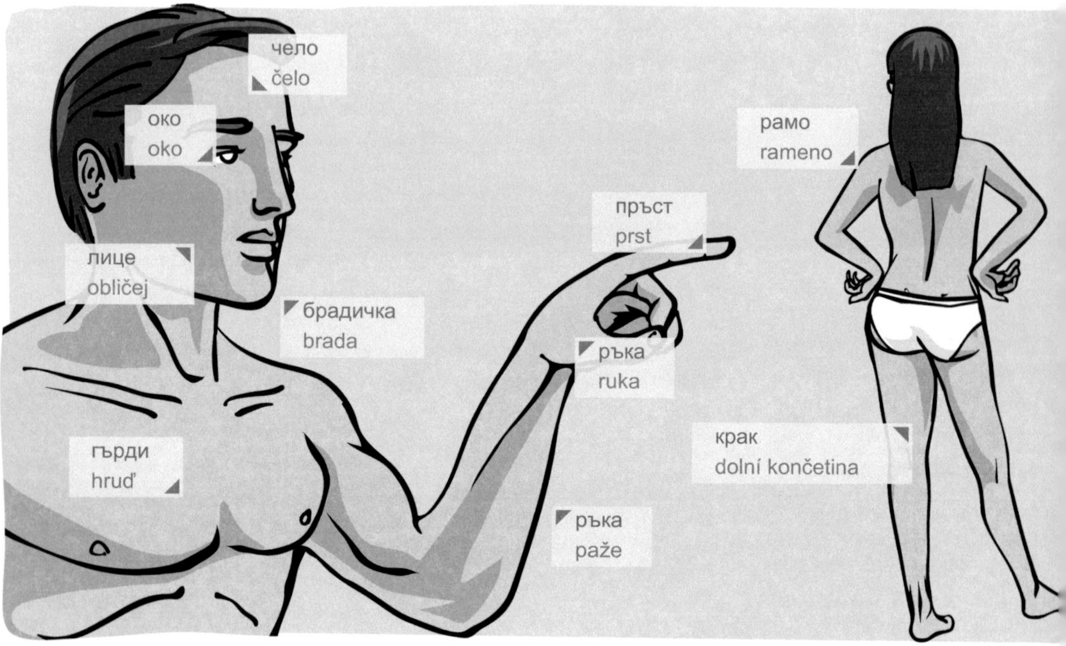

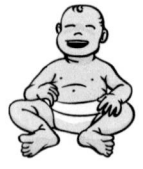

бебе
dítě

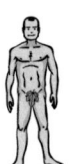

мъж
muž

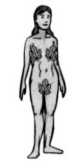

жена
žena

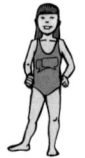

момиче
dívka

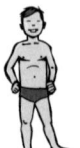

момче
chlapec

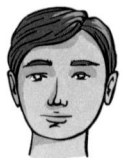

глава
hlava

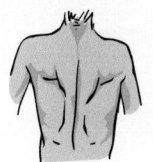

гръб

záda

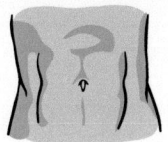

корем

břicho

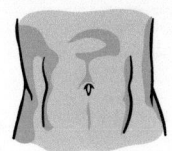

пъп

pupík

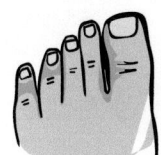

пръст на крака

prst na noze

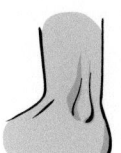

пета

pata

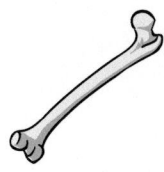

кост

kost

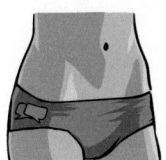

хълбок

bok

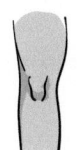

коляно

koleno

лакът

loket

нос

nos

седалище

zadek

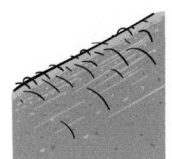

кожа

kůže

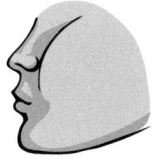

буза

tvář

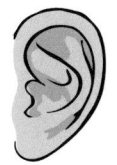

ухо

ucho

устна

ret

уста

ústa

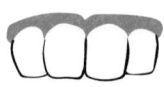

зъб

zub

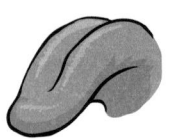

език

jazyk

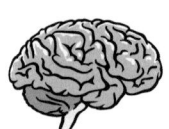

мозък

mozek

сърце

srdce

мускул

sval

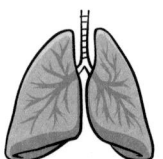

бял дроб

plíce

черен дроб

játra

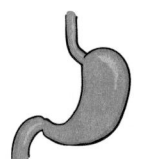

стомах

žaludek

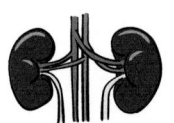

бъбреци

ledviny

полово сношение

pohlavní styk

кондом

kondom

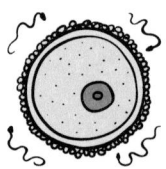

яйцеклетка

vajíčko

сперма

sperma

бременност

těhotenství

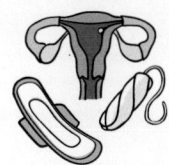

менструация

menstruace

вагина

vagina

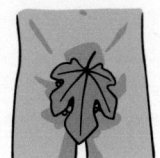

пенис

penis

вежда

obočí

коса

vlasy

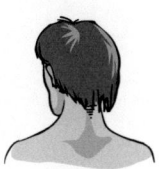

шия

krk

болница
nemocnice

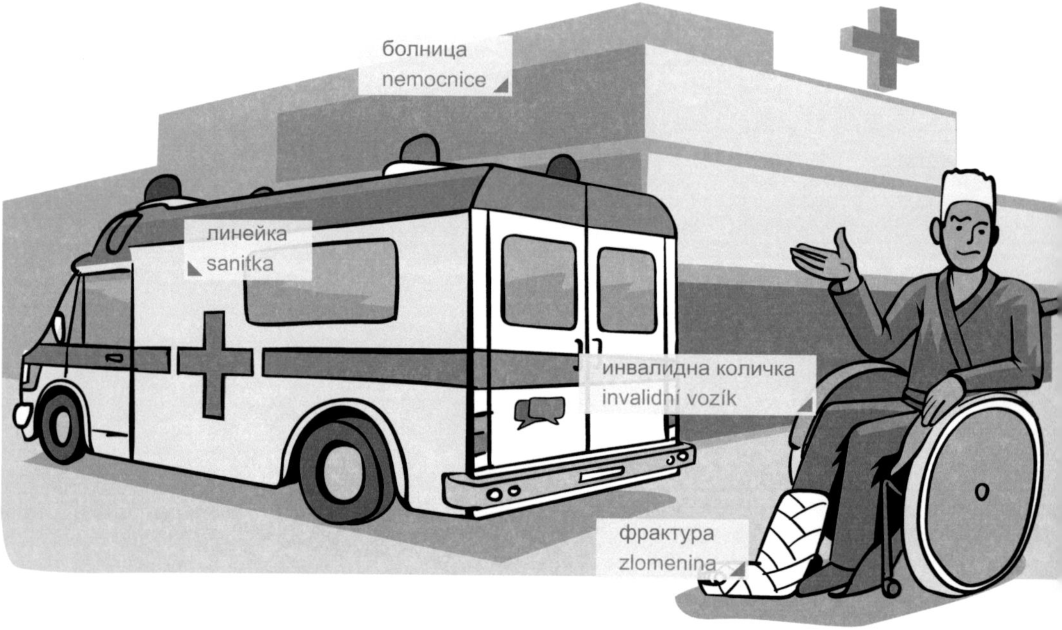

болница
nemocnice
линейка
sanitka
инвалидна количка
invalidní vozík
фрактура
zlomenina

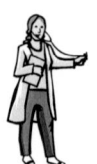

лекар

lékař

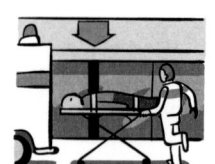

спешна хоспитализация

pohotovost

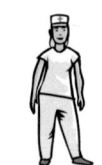

медицинска сестра

zdravotní sestra

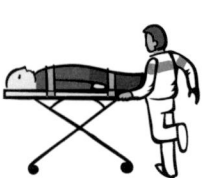

спешен случай

urgentní případ

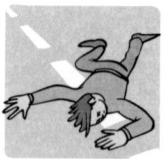

в безсъзнание

v bezvědomí

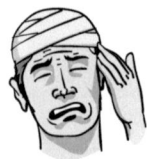

болка

bolest

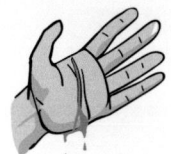

нараняване

úraz

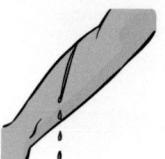

кървене

krvácení

инфаркт

infarkt myokardu

инсулт

cévní mozková příhoda

алергия

alergie

кашлица

kašel

температура

horečka

грип

chřipka

диария

průjem

главоболие

bolest hlavy

рак

rakovina

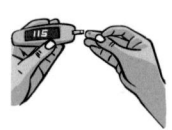

диабет

cukrovka

хирург

chirurg

скалпел

skalpel

операция

operace

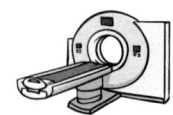

компютърна томография

CT

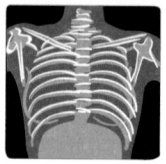

рентген

rentgen

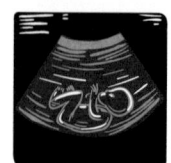

ултразвук

ultrazvuk

маска

maska

болест

nemoc

чакалня

čekárna

патерица

berle

пластир

náplast

превръзка

obvaz

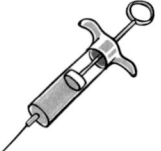

инжекция

injekce

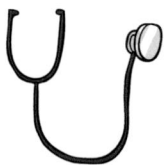

стетоскоп

stetoskop

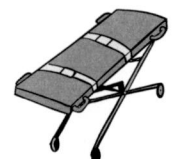

носилка

nosítka

термометър

teploměr

раждане

porod

наднормено тегло

nadváha

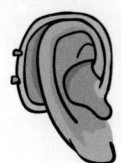

слухов апарат

nasloucháтко

дезинфекционно средство

dezinfekční prostředek

инфекция

infekce

вирус

virus

HIV / AIDS

HIV / AIDS

медицина

lékařství

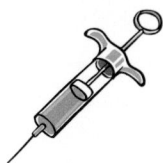

ваксинация

očkování

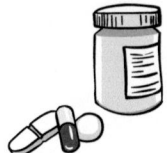

таблети

tablety

противозачатъчна
таблетка
pilulka

спешно телефонно
обаждане
tísňové volání

апарат за измерване на
кръвното налягане

tonometr

болен / здрав

nemocný / zdravý

Помощ!

Pomoc!

сигнал за тревога

poplach

нападение

přepadení

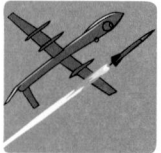

атака

napadení

опасност

nebezpečí

авариен изход

nouzový východ

Пожар!

Hoří!

пожарогасител

hasicí přístroj

злополука

nehoda

комплект за оказване на
първа помощ

zdravotnická brašna

SOS

SOS

полиция

policie

Европа
....
Evropa

Северна Америка
....
Severní Amerika

Южна Америка
....
Jižní Amerika

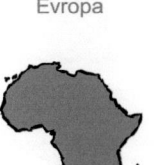

Африка
....
Afrika

Азия
....
Asie

Австралия
....
Austrálie

Атлантически океан
....
Atlantik

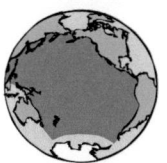

Тихи океан
....
Pacifik

Индийски океан
....
Indický oceán

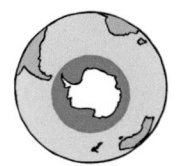

Южен ледовит океан
....
Jižní ledový oceán

Северен ледовит океан
....
Severní ledový oceán

Северен полюс
....
severní pól

Южен полюс

jižní pól

Антарктида

Antarktida

Земя

země

суша

pevnina

море

moře

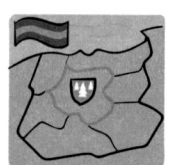

остров

ostrov

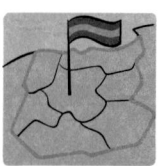

нация

národ

държава

stát

циферблат

ciferník

стрелка на часовете

hodinová ručička

стрелка на минутите

minutová ručička

стрелка на секундите

vteřinová ručička

Колко е часът?

Kolik je hodin?

ден

den

време

čas

сега

teď

дигитален часовник

digitální hodinky

минута

minuta

час

hodina

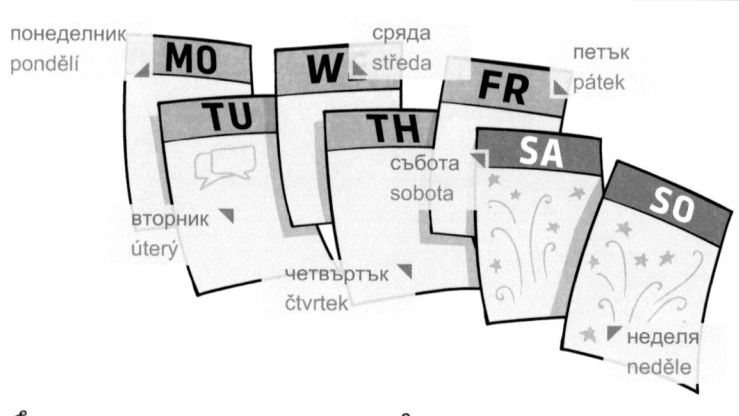

понеделник
pondělí

сряда
středa

петък
pátek

TU

TH

SA

SO

вторник
úterý

четвъртък
čtvrtek

събота
sobota

неделя
neděle

вчера

včera

днес

dnes

утре

zítra

сутрин

ráno

обед

poledne

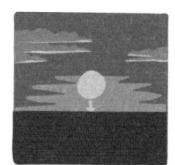

вечер

večer

работни дни

pracovní dny

уикенд

víkend

дъжд
déšť

дъга
duha

вятър
vítr

сняг
sníh

пролет
jaro

лято
léto

есен
podzim

зима
zima

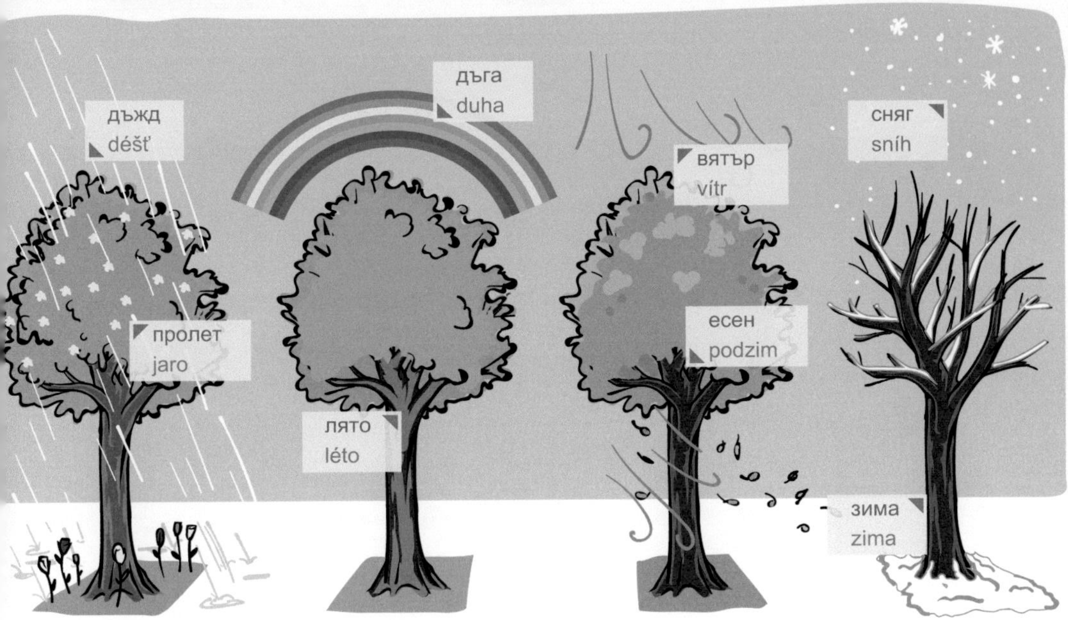

прогноза за времето

předpověď počasí

термометър

teploměr

слънчева светлина

sluneční svit

облак

mrak

мъгла

mlha

влажност на въздуха

vlhkost

светкавица

blesk

гръмотевица

hrom

буря

bouřka

градушка

kroupy

мусон

monzun

наводнение

povodeň

лед

led

януари

leden

февруари

únor

март

březen

април

duben

май

květen

юни

červen

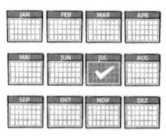

юли

červenec

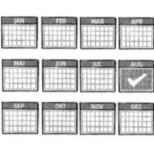

август

srpen

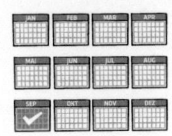

септември
....
září

октомври
....
říjen

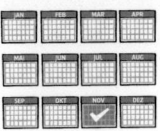

ноември
....
listopad

декември
....
prosinec

форми
tvary

кръг
....
kruh

квадрат
....
čtverec

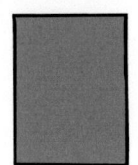

четириъгълник
....
obdélník

триъгълник
....
trojúhelník

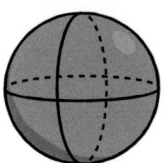

сфера
....
koule

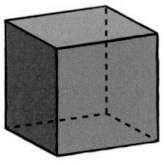

куб
....
krychle

бял

bílá

жълт

žlutá

оранжев

oranžová

розов

růžová

червен

červená

лилав

fialová

син

modrá

зелен

zelená

кафяв

hnědá

сив

šedá

черен

černá

много / малко

hodně / málo

ядосан / спокоен

rozzuřený / mírumilovný

красив / грозен

krásný / ošklivý

начало / край

začátek / konec

голям / малък

velký / malý

светъл / тъмен

světlý / tmavý

брат / сестра

bratr / sestra

чист / мръсен

čistý / špinavý

пълен / непълен

úplný / neúplný

ден / нощ

den / noc

мъртъв / жив

mrtvý / živý

широк / тесен

široký / úzký

ядлив / неядлив

jedlý / nejedlý

сърдит / любезен

zlý / hodný

развълнуван / скучаещ

vzrušený / znuděný

дебел / тънък

tlustý / hubený

най-напред / най-накрая

nejdříve / naposledy

приятел / враг

přítel / nepřítel

пълен / празен

plný / prázdný

твърд / мек

tvrdý / měkký

тежък / лек

těžký / lehký

глад / жажда

hlad / žízeň

болен / здрав

nemocný / zdravý

нелегален / легален

ilegální / legální

интелигентен / глупав

inteligentní / hloupý

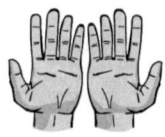

ляво / дясно

vlevo / vpravo

близо / далече

blízko / daleko

нов / употребяван

нов / употребяван
novу́ / použitу́

нищо / нещо

nic / něco

стар / млад

starу́ / mladу́

вкл. / изкл.

zapnutу́ / vypnutу́

отворен / затворен

otevřeno / zavřeno

тих / силен (звук)

tichу́ / hlasitу́

богат / беден

bohatу́ / chudу́

правилен / погрешен

sprа́vnу́ / špatnу́

грапав / гладък

drsnу́ / hladkу́

тъжен / щастлив

smutnу́ / šťastnу́

дълъг / къс

krа́tkу́ / dlouhу́

бавен / бърз

pomalу́ / rychlу́

мокър / сух

vlhkу́ / suchу́

топъл / студен

teplу́ / chladnу́

война / мир

vа́lka / mа́r

0

нула

nula

1

едно

jedna

2

две

dva

3

три

tři

4

четири

čtyři

5

пет

pět

6

шест

šest

7

седем

sedm

8

осем

osm

9

девет

devět

10

десет

deset

11

единадесет

jedenáct

12
дванадесет

dvanáct

13
тринадесет

třináct

14
четиринадесет

čtrnáct

15
петнадесет

patnáct

16
шестнадесет

šestnáct

17
седемнадесет

sedmnáct

18
осемнадесет

osmnáct

19
деветнадесет

devatenáct

20
двадесет

dvacet

100
сто

sto

1.000
хиляда

tisíc

1.000.000
милион

milion

английски

angličtina

американски английски

americká angličtina

китайски мандарин

standardní čínština

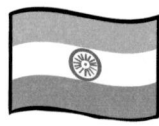

хинди

hindština

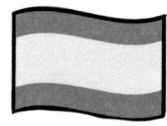

испански

španělština

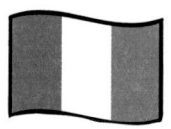

френски

francouzština

арабски

arabština

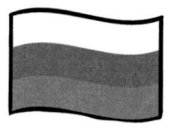

руски

ruština

португалски

portugalština

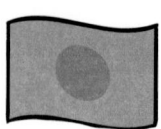

бенгалски

bengálština

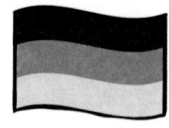

немски

němčina

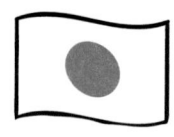

японски

japonština

аз

já

ти

ty

той / тя / то

on / ona / ono

ние

my

вие

vy

те

oni

кой?

Kdo?

какво?

Co?

как?

Jak?

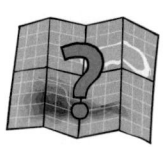

къде?

Kde?

кога?

Kdy?

име

jméno

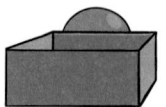

зад

za

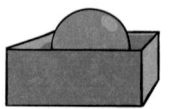

в

do

пред

z

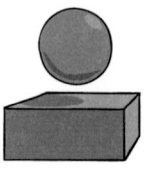

над

nad

върху

na

под

mezi

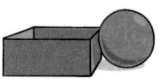

до

vedle

между

mezi

място

místo